Hilfe Evangelisation!

Ein Ratgeber für Nichtevangelisten

Jens Schröter

Stresslos – St. Ingbert
St. Ingbert 2017

Vorwort zu Hilfe Evangelisation

Bereits der Titel dieses Buches machte mich neugierig. Jens Schröter ist mir als leidenschaftlicher junger Mann bekannt, der immer wieder und auf verschiedene Weise Menschen mit dem Evangelium bekannt macht.
Das Buch spricht mir aus dem Herzen, denn gerade bei dem Wort Evangelisation schrecken doch allzu viele Menschen zurück. Ja, Reinhard Bonnke, Billy Graham und andere große Männer und Frauen Gottes, die sind berufen das Evangelium zu verkündigen, aber ich – was kann ich denn schon dazu beitragen. So oder ähnlich geht es doch in einem vor, wenn man hört, dass man evangelisieren soll.
Gerade in meinen Seminaren erwähne ich immer wieder ein simples Beispiel. Als der Blinde in der Bibel von Jesus geheilt wird und von den Schriftgelehrten gefragt wird, ob Jesus ein Sünder sei (man wollte Jesus damit eine Falle stellen), erwidert dieser folgendes: „Ob Jesus ein Sünder ist weiß ich nicht, eines weiß ich allerdings. Einst war ich blind, nun bin ich sehend!" – Das ist es um was es geht. Was ist dein Zeugnis? Einst war ich gefangen, nun bin ich frei.... Das ist authentisch, echt und überzeugt.
Genau darum geht es Jens in diesem Buch. Es ermutigt jeden einzelnen auf schlichte Art und Weise an dem Platz wo man steht und mit der Gabe, die Gott einem gegeben hat, Möglichkeiten zu nutzen – und wo keine Möglichkeit ist, welche zu schaffen. Ich bin sicher, dieses Buch ermutigt, hilft und gibt

Anleitung für den Alltag. Gottes Segen beim Lesen und Ausprobieren.

Pastor Siegfried Tomazsewski
Evangelist

Calling Ministry

Einleitung

Menschen für Jesus zu gewinnen, eines der Themen in der Gemeinde, wo es eine besondere Gruppe von Gläubigen gibt, die sofort aus dem Häuschen ist. Oder sollte ich lieber sagen aus der Gemeinde?
Das sind die, welche es lieben, Menschen, wo auch immer, anzusprechen und total begeistert davon sind. Ihnen sind keine Mühen oder Umstände zu schwer und es ist stark zu sehen, wie sie immer wieder Menschen mit in die Gemeinde bringen. Es fällt ihnen so leicht, in Kontakt zu kommen, was sicher daran liegt, dass die meisten von ihnen Beziehungstypen sind und wenn sie beim Aldi anstehen schon anfangen, eine kleine Gruppe zu bilden, eventuell auch schon zu Evangelisieren, zumindest, wenn es ihre Gabe ist.

Einer meiner Freunde ist so ein Typ, Ruben. Ich bewundere ihn. Ich weiß es noch wie heute. Wir waren zusammen bei unserem letzten Kurs in der Bibelschule. Am Abend sind wir noch ins Kino gefahren und weil es eine spätere Vorstellung war und der Film ein wenig anders endete als die Züge zurückfuhren, haben wir unseren Zug gerade verpasst. Es gab nur eine Möglichkeit und die war zu warten. Nun hatte Darmstadt nicht den schönsten Bahnhof und alles war bereits geschlossen. Also unterhielten wir uns. Auf einmal kamen zwei Polizisten und machten einen Kontrollgang und Ruben sprach sie sofort an. Keine fünf Minuten später war er schon in einem Gespräch verwickelt und keine weiteren fünf Minuten später handelte das Gespräch über den Glauben. Ich bin mir sicher. Hätten die zwei Polizisten nicht weg gemusst, hätten sie sich zum Ende des Gesprächs bestimmt entschieden, ihr Leben Jesus anzuvertrauen.

Solche und andere Erlebnisse hatte ich immer wieder, wenn ich mit Ruben unterwegs war.

Sowie ich ihn um seine Gabe bewundere, weiß ich, dass es nicht meine ist, und ich bin froh, dass es im Reich Gottes viele solcher Rubens gibt, die einfach drauf los sprechen und die Menschen ihnen auch zuhören.

Ich denke aber auch noch an andere Personen wie Reinhard Bonnke, den jeder kennt und damit Evangelisation im großen Stil verbindet und Bekehrungen ohne Ende.
Ich denke aber auch an ganz bescheidene und zugleich wertvolle Brüder wie Manfred, der eine totale Liebe zur Evangelisation hat. In seiner besonderen Art schafft er es immer wieder, Menschen auf der Straße direkt anzusprechen und genau den Punkt zu treffen.

Ich bin dankbar für diese Geschwister und wenn ich sie hier in der Einleitung erwähne, dann weil sie mir an vielen Stellen zum Vorbild geworden sind wie viele andere auch.

Zugleich verstehe ich jeden, der sagt, das ist ein Thema, vor dem ich oft Angst habe.

Ich möchte einfach viel Spaß beim Lesen der nachfolgenden Seiten wünschen.
Einleitend noch ein kleiner Hinweis. Wann immer ich von Schafen spreche, meine ich damit Christen und wenn ich von Menschen rede, meine ich damit Personen, die Jesus noch nicht im Herzen haben. Sollte ich es mal anderes meinen, schreibe ich es dazu.

Euer

Jens Schröter

Warum ich kein Evangelist bin

Nehme ich Persönlichkeiten, wie Ruben, Manfred oder Reinhard Bonnke, kann ich klar sagen, ich bin kein Evangelist. Ihnen hat der Heilige Geist diese Gabe gegeben sowie wir in Epheser 4,11 lesen, dass es Geschwister mit genau dieser Berufung gibt.

Sicher fällt jedem so jemand ein, wo man sagt: Ja, das ist ein Evangelist oder wenn wir an Gemeinde denken, dann fallen uns eventuell viele Personen ein, die durch ein oder zwei Geschwister in die Gemeinde gekommen sind. Meistens sind wir froh, dass wir genau diese Geschwister haben, weil wir wissen, bei ihnen ist dieser Auftrag im Reich Gottes gut aufgehoben.

Oft denke ich an einen lieben Bruder, der Gemeinde sehr auf dem Herzen hatte. Doch immer, wenn es um das Thema gegangen ist: „Raus auf die Straße" zu gehen, zog er sich zurück. Doch was er machte, er fragte immer, ob für den Einsatz Finanzen nötig waren und spendete dann von Herzen dafür. Auf die Frage, ob er ein Evangelist sei, hätte er sicher Nein geantwortet.

Auch denke ich an einen lieben älteren Bruder, der aus einer Zeit stammt, wo moderne Evangelisationseinsätze von heute auf viele Fragen gestoßen wären. Doch Adolf hatte immer ein Lächeln auf den Lippen und sprach Fremde in der Gemeinde freundlich an, in dem er sich kurz vorstellte und begrüßte und auch in der Stadt hatte er immer wieder hier und da ein Gespräch. Ob er von sich gedacht hat, ein Evangelist zu sein, sicher nicht.

Genauso geht es mir auch und sicher ganz vielen anderen, weil wir eine feste Vorstellung und Erwartung von einem Evangelisten haben. Gerade, wenn wir an Evangelisten in unserem Umfeld denken.

Doch woran liegt es? Liegt es daran, dass die Erwartungen so hoch sind? Von mir selber, von anderen, von Gott?

Weil wir nicht genug Wissen haben? Weil wir nur Schafe kennen, aber keine Menschen, weil wir uns nicht trauen, mit normalen Menschen zu reden?

Weil wir schon von Jesus erzählt haben und uns trotzdem keiner verstanden hat, obwohl wir dieselben Worte benutzt haben, wie alle Evangelisten oder weil sich keine Bekehrungen einstellen, weil wir nicht so die Beziehungstypen sind.

Woran liegt das? Es ist doch unser Auftrag, Menschen in die Nachfolge zu rufen. Doch löst der Gedanke an Evangelisation bei vielen Unbehagen aus. Ich denke, es hat einfach damit zu tun, dass der innere Erwartungsdruck so hoch ist oder weil viele Enttäuschungen sich im Laufe der Zeit eingestellt haben.

Zudem bin ich überzeugt, dass es tatsächlich Schafe gibt, die genau diese Gabe haben. Doch was ist mit mir?

Ich weiß, dass ich nicht dieser Typus von Evangelist bin, den jeder erwartet.

Warum ich Evangelisation liebe

Wie ich gerade schon geschrieben habe, bin ich kein Evangelist und kann mich in der Rolle auch nicht entdecken. Doch lässt mich das Thema nicht in Ruhe. Sicher, weil es sich als Pastor so gehört, ist das der Grund oder gibt es da noch mehr?

Aus tiefstem Herzen bin ich davon überzeugt, dass es Evangelisten gibt und Schafe mit evangelistischem Herz. Was ist ein Schaf mit evangelistischem Herz?

Ich bin davon überzeugt, dass es in unseren Gemeinden ganz viele Schafe mit so einem Herzen gibt. Persönlich gehöre ich dazu.

Eine meiner Lieblingsstellen in der Bibel ist Matthäus 28,18-20
„Jesus kam und sagte zu seinen Jüngern :»Mir ist alle Macht im Himmel und auf der Erde gegeben. Darum geht zu allen Völkern und macht sie zu Jüngern. Tauft sie im Namen des Vaters und des Sohnes und des Heiligen Geistes und lehrt sie, alle Gebote zu halten, die ich euch gegeben habe. Und ich versichere euch: Ich bin immer bei euch bis ans Ende der Zeit".
(Neues Leben Bibel)

Gibt es eine schönere Zusage als dass Jesus alle Tage bei uns ist, wirklich alle Tage. Was für eine Zuversicht, was für ein Geschenk. An Tagen, wo es mir gut geht und an Tagen an denen es mir schlecht geht. Immer und überall ist er bei uns. Ich denke, vielen von uns geht es so, dass wir diese Zusage lieben. Jesus ist bei uns.

Doch steht diese Bibelstelle in einem wichtigen Zusammenhang, geht hinaus, geht und ruft die Menschen in meine Nachfolge. Es ist ein klarer Auftrag, den Jesus seinen Jüngern gibt und somit auch uns. Als ich das für mich persönlich realisierte, wurde diese Bibelstelle noch viel mehr zu meiner Lieblingsstelle.

So fing ich an, Bücher über Gemeindebau zu lesen, insbesondere über solche Gemeindemodelle, die sehr nach außen gerichtet waren. Das war in einer Zeit als es noch ein weiter Weg war, dass ich Pastor werden konnte.

Als ich diesen Vers richtig für mich verstanden habe, ist in mir der Wunsch entstanden, dass ich eine Gemeinde für andere möchte. Eine Gemeinde, wo jeder sich zuhause fühlen kann und ist.

Zu der Zeit war ich noch 80% schwerbehindert mit einem Lungenfehler und vielen Allergien und anderen Nebenkrankheiten, so dass ich nicht in einer normalen Schule konnte, sondern einen Hauslehrer hatte. So bin ich sehr isoliert aufgewachsen. Dann stellte Gott mir den wundervollsten Menschen in mein Leben, meine Frau. Durch sie und andere Dinge, die Gott in Bewegung setzte, lernte ich die Gemeinde meiner heutigen Frau und ihren Pastor kennen.

Im Januar 2000 hatten wir 21 Tage Gebet in der Gemeinde und ein Tag war das Thema Heilung. Seitdem bin ich 100% geheilt, was medizinisch belegt wurde. Davor stand schon das Ziel fest, Pastor zu werden und durch verschiedene Worte und Dinge bestätigte es sich auch dann. Der Wunsch war klar: Pastor in einer Gemeinde für andere, nämlich für Menschen. Ein Satz von Reinhard Bonnke hat mich mehr als sehr geprägt: „*Ich will die Hölle leer und dem Himmel voll sehen*".

Ich bin kein Evangelist. Doch habe ich ein Herz für Evangelistation und die Menschen, die Jesus nicht kennen. Gerade, weil ich selber aus einem Elternhaus komme, in dem Jesus keine Rolle gespielt hat. Doch voll Dankbarkeit denke ich an Erich, einem Pastor im Ruhestand, der auch kein Evangelist in dem Sinne war, aber der mir von Jesus erzählte und den Gott in mein Leben auf besondere Weise gestellt hat.

Mein Herz schlägt dafür, dass Menschen zu Jesus finden. Ich bin davon überzeugt, dass Jesus gerade auch mit uns Nichtevangelisten Reich Gottes bauen möchte.

Die Engelsskala, die große Hilfe

Ab dem nächsten Kapitel soll es darum gehen, was ich / wir ausprobiert haben. Doch zuvor möchte ich zwei wichtige Dinge ansprechen, die Engelskala und „Den einen“

Sicher kennt das jeder. Man hat sich überwunden auf die Straße zu gehen, man spricht sogar mit Menschen, doch keiner bekehrt sich oder kommt in den Gottesdienst. Das erhöht den Frustmoment umso mehr, auch wenn man sagt, es war gut, dass wir draußen waren. Es hat eine Auswirkung in der unsichtbaren Welt. Doch zugleich ist es für einem persönlich ganz schön frustrierend, denn man möchte doch etwas mehr erleben, sehen, wie Menschen Jesus finden. Davon hört und liest man doch immer wieder, dass es diese Momente gibt, wo ein Mensch ganz spontan auf der Straße sein Leben Jesus gibt.

Mir persönlich hat es geholfen als ich von der Engelskala erfahren habe. Ich weiß heute gar nicht mehr von wem, auch wenn ich sehr dankbar dafür bin.

Es ist folgendes Bild, was ich im Kopf habe. Es ist ein Doppelpfeil, der eine Spitze unten und eine oben hat. In der Mitte befindet sich eine NULL. Das ist der Moment der Bekehrung. Nach unten geht es bis -10 und nach oben +10. Jeder, der uns irgendwo begegnet, kann auf dieser Skala eingetragen werden. Alles, was im Plusbereich ist, hat sein Leben Jesus schon gegeben und ist ein Schaf. Manchmal auch ein kleines Lämmchen und je reifer man selber in Jesus wird, desto höher wird die + Zahl. Wobei die Null wichtig ist. Die Null bedeutet: eine Party im Himmel.

Die Tage kam unsere Tochter und sie stand mitten im Bad als ich in der Badewanne saß und druckste rum. Es sah erst so aus, als ob sie was angestellt hätte, was wir von unserer Jiska so nicht kennen. Dann kam es raus: „Ich möchte mich bekehren“. Ich gebe zu, dass die Freude riesig war. Ich persönlich nur den Moment und die Zeit nicht passend fand, aber es sind Gottes Momente und Zeiten. So hat sie sich neben die Badewanne gesetzt und wir haben zusammen gebetet und Jiska hat ihr Leben Jesus gegeben. Sie sagte dann weiter, dass sie schon seit ein paar Tagen überlegt hatte, aber sie jetzt erst soweit war. Es gibt viele Menschen, die im Minusbereich sind.

Ich kenne einen Mann, der war sicher, als wir uns zum ersten Mal begegnet sind, auf einer Minus 100. Irgendwann war er auf einer Minus 10. In manchen Momenten sicher auch auf einer Minus acht. Sein Leben Jesus zu geben, soweit ist er noch nicht und ich denke es wird auch noch sehr lange dauern. Aber ich freue mich, dass er zeitweilig viel offener war. Die Engelskala hat mir geholfen, mich nicht selber unter Druck zu setzen und zu sehen, wie sich jeder entwickelt. Manche Menschen brauchen eben mehrere Begegnungen und Erlebnisse, bevor sie bei Null ankommen und ein Schaf werden.

Menschen geduldig zu begleiten und zu sehen, wie sie kleine Schritte gehen, das ist besonders. Auch wenn es sehr lange dauert, bis jemand zu Jesus findet. Lieber ist mir natürlich auch, wenn es viel schneller geht. Doch es gibt heilige Momente, wo jemand vom Heiligen Geist geleitet und Jesus erlebt.

Da sind wir auch bei dem EINEN. Es mag sein, dass du in deinem Leben nur eine einzige Person zu Jesus führen wirst. So war es mit Albert McMakin, den wir alle nicht kennen. Doch er war jemand, der eine Person zu einer Zeltevangelisation eingeladen hat. Die eingeladene Person wollte eigentlich nicht. Doch Albert fragte, ob er denn wenigstens als Fahrer tätig sein könnte. Darauf lies sich Billy ein. Billy ging mit in die Veranstaltung und erlebte Jesus Christus und hat ihm sein Leben übergeben. Billy kennen sehr viele Christen, denn es handelt sich um Billy Graham, der zu einem Evangelisten und Prediger wurde und viele Tausende haben seine Predigten gehört und ihr Leben Jesus anvertraut. Eventuell bist du so ein Albert, der nur einen oder eine Handvoll mit in einem Gottesdienst nimmt. Aber Jesus kann daraus eine so große Frucht erwachsen lassen.

Ich wünsche Dir, dass Du dich vom Heiligen Geist führen lässt und Geduld schenken lässt für die Menschen in deinem Umfeld.

Erlebnisse

Nun möchte ich dazu kommen, von dem zu berichten, was ich persönlich oder wir in Rahmen der Gemeindearbeit ausprobiert haben. Immer mit dem Hintergrund, dass ich kein Evangelist bin und auch im Umfeld meiner Gemeindearbeit nicht wirklich die Evangelisten vorhanden waren. Sicher Schafe, die Menschen auf dem Herzen haben und keine Angst haben, auf andere zu zugehen, aber auch solche, die nicht einfach so auf andere zugegangen sind.

Oft sind es die stillen und zurückhaltenden Schafe, die am meisten erleben, weil es nicht ihre natürliche Art ist, mit anderen ins Gespräch zu kommen. Ihnen gilt auch meine größte Bewunderung, rauszugehen und Menschen für Jesus gewinnen zu wollen, obwohl sie wissen, dass sie sich das eigentlich nicht trauen.

Doch kommen wir zu verschiedenen Modellen, Ideen und Einsätzen:

Wie eine Kolumne einem zu einer Halloween - Party bringt:

Bei unserer ersten Stelle im Gemeindedienst hatten wir als Gemeinde einen sehr großen Vorzug. Als Freikirche ist es nicht selbstverständlich, dass man Artikel in einer Zeitung reinbekommt. Das musste ich ein paar Jahre später feststellen. Doch kommen wir zu der offenen Tür, die der Heilige Geist uns damals geschenkt hat.

Als ich meine Stelle angetreten habe, stellte ich mich in verschiedenen Einrichtungen vor, unter anderem auch bei der örtlichen Zeitung, die zum einen eine Tageszeitung rausbrachte, zum anderen eine Wochenzeitung. In der Redaktion der Wochenzeitung bin ich ein wenig länger hängengeblieben und man bot uns als Gemeinde an, einen festen Platz in der Zeitung zu bekommen. Anfänglich war es eine große Herausforderung, was schreibt man, was interessiert die Menschen in der Stadt? Mit der Zeit wurde es einfacher und mehr in der einen oder anderen Ausgabe belegten wir fast die ganze Zeitungsseite. Ganz offen gesagt, fragt man sich natürlich, wird es überhaupt von jemanden gelesen und wenn ja, von wem. Vielleicht von den eigenen Gemeindeleuten, von den Schafen aus anderen Gemeinden.

Einmal saß ich im Büro und das Telefon läutete. Eine Frau rief an und erzählte, dass sie die Artikel regelmäßig liest. Das löste, ohne Zweifel, eine Freude aus, weil man jetzt einmal ein

Feedback bekommen hat. Doch stellte es mich auch vor eine Herausforderung. Sie erzählte, dass sie ihr Leben Jesus gegeben hat und nun ein Problem hat. Sie hatte ihrem 10jährigen Sohn vor längerer Zeit versprochen, eine Halloween - Party geben zu dürfen. Nun hatte sie, nachdem sie ihr Leben Jesus gegeben hat, Zweifel an dem Ganzen. Ich konnte sie verstehen, weil Christein und Halloween passen wirklich nicht zusammen. Ihre folgende Bitte stellte mich vor eine große Herausforderung. Sie hatte den Wunsch, dass ich zur Party komme und den Kindern den Hintergrund von Halloween erkläre. Ich muss gestehen, dass ich in dem Moment nicht begeistert war. Ich sollte zu der Party kommen und den Kindern die Party verderben. Doch ich sagte zu und besorgte mir kindgerechtes Material zum Thema Halloween und informierte mich selber noch viel mehr darüber. An dem Abend fuhr ich raus zu dem Haus und ich muss zugeben, der Abend passte zum Thema. Das Haus lag weiter außerhalb, recht einsam am Waldrand. Es war kalt, dunkel und nebelig. Es sah schaurig aus. Angekommen standen überall Kürbisse mit geschnitztten Gesichtern. Ich dachte super und gleich kommt Dracula und andere Monster um die Ecke und begrüßen mich. Doch dem war nicht so. In der Scheune, wo das ganze stattfand, saßen vier Jungs im Alter von 10-11 Jahren in ganz normalen Klamotten. Die Mutter sagte mir, dass keiner Lust hatte, sich zu verkleiden. Die Jungs und ich unterhielten uns über ihr Wissen von Halloween und ich erzählte ihnen mein Wissen. Sie staunten und stellen fest, dass sie froh waren, nun den Hintergrund zu kennen. Dann unterhielten wir uns noch über die Schule und ihre Probleme und ich übergab die besorgten Dinge über Halloween und lud sie zu unseren Royal Rangern ein. Es hat sicher keiner der Jungs bekehrt und ich weiß jetzt auch nicht mehr, ob jemand zu den Pfadfindern gekommen ist. Aber sie hörten an diesem Abend auch von Jesus und dass er für ihre Schulprobleme da ist.

Das ist nur durch die Kolumne entstanden.
Als wir uns ein paar Jahre später in Richtung unserer neuen Pastorenstelle verabschiedeten, brachte die Zeitung einen großen Artikel darüber und einige Leser schrieben mir und bedankten sich für die Ermutigungen der Artikel. Manchmal passieren Dinge, die wir nicht sehen.

Leider habe ich solche Offenheit bei keiner Zeitung mehr erlebt. Aber jeder sollte es bei seiner Zeitung versuchen. Eventuell ist es deine Tür zu den Herzen der Menschen.

Auch Pastoren haben Hobbys

Zumindest sollten sie das haben. Mein Hobby ist fotografieren. Mit dem Bewusstsein, dass ich nicht der Evangelist bin, habe ich dann doch immer wieder überlegt, wie ich mit Menschen in Kontakt kommen kann, um ihnen von meinem Glauben zu erzählen. Man sollte meinen, als Pastor ist das einfach. Doch zu der Zeit fand ich das gar nicht so und auch heute oft nicht.

So setzte ich einen kleinen Artikel in der örtlichen Zeitung und lud zum Fotostammtisch ein. Es kamen ca. acht Fotobegeisterte aus der Umgebung zusammen. Wir saßen nett beim Italiener und unterhielten uns dann übers Fotografieren. Es erzählte jeder, was er so im normalen Leben macht und wie zu erwarten, blieben wir dann bei mir hängen, was denn ein Pastor einer Freikirche sei und was eine Freikirche ist.

An dem Abend gab es gleich die nächste Frage, ob man sich nicht woanders als in einem Restaurant treffen könnte. Was für eine tolle Gelegenheit. Der Gemeindesaal mit Beamer war der neue Ort für den Fotostammtisch. Bei jedem Treffen gab es nicht nur gute Bilder, sondern auch immer wieder Fragen rund um das Thema Gemeinde.

Später an unserem neuen Dienstort fing ich von Neuem an. Auch in dem Fall wieder bei einem Italiener und ab und an auch in der Gemeinde.

Zwei Personen sind dabei mehr zu betrachten. Einer ist Harald. Bei unserem Kennenlernen wirkte er sehr arrogant, von oben herab. Er machte den Vorschlag, ob wir nicht das Treffen in ein Hotel (vier Sterne) verlegen wollten. Wir hatten an diesen Tag Straßenkirche und es war ein anstrengender Tag. Im Laufe des Nachmittags sagten einige ab, dass sie an diesem Abend keine Zeit hätten. Ich war so froh, wir standen von morgens bis in den späten Nachmittag auf der Straße und dann abends noch los. Zudem war nur noch Harald übrig geblieben. Ich fing an zu hoffen, dass auch er absagt. Doch leider passierte das nicht. So bin ich zum Hotel gefahren. Es lag wunderschön auf einem Berg mit Blick auf die gegenüberliegende Burg, über die langsam die Sonne unterging. Im Gepäck hatte ich eine kleine Schachtel aus Papier. Solche Schachteln wurden an diesem Tag auf der Straßenkirche verteilt mit einem Bibelvers und einer Praline darin. Ich hatte sie mitgenommen, weil die Schachtel aus Kalenderblättern gefaltet wurden, die in Haralds Firma hergestellt worden sind. Ich wollte ihm zeigen, was man aus seinen Kalendern noch so machen kann. Es war 19:28 und meine Hoffnung wuchs, dass er nicht mehr kommt. Ich hatte mir vorgenommen bis maximal 19:35 zu warten. Ich freute mich schon auf zuhause. Doch dann hörte ich jemanden meinen Namen rufen. Da stand er Harald. Damit verabschiedete ich mich von meinem freien Abend. Wir setzten uns und unterhielten uns, inzwischen ging die Sonne über der Burg gegenüber unter. Nichts ahnend holte ich die kleine Schachtel raus und zeigte Harald die kleine Schachtel. Doch das blieb nicht unbemerkt. Auf einmal lagen alle Blicke auf uns. Harald sah sich die Schachtel an und gab sie mir schnell zurück und ich steckte sie schnell ein. Es war für uns beide ein etwas sehr peinlicher Moment. Doch danach hatten wir ein sehr gutes Gespräch. Harald war nicht mehr arrogant, sondern erzählte von seinen Nöten und Sorgen. An diesem Abend habe ich ihm auch eingeladen, bei meiner Ordination Fotos zu machen. Er kam zu Gottesdienst und war voll begeistert. Harald gehörte ab da zum Spenderkreis für die Kleiderkammer der Gemeinde. So entstand auf dieser Ebene ein Kontakt.

Die andere Fotoperson ist auch eine besondere Person. Wir nennen ihn Heinz. Er kam zu einem unserer Fotostammtische, es stellte sich heraus, dass Heinz Berufsfotograf war. Es entwickelte sich schnell eine freundschaftliche Beziehung. Heinz wurde der gemeindliche Fotograf und ist mit seinem Studio neben die Gemeinde gezogen. Er kam fast immer, wenn unser Bistro geöffnet war oder auch zum Mitarbeiterfrühstück der Gemeinde. Auch zu besonderen Gottesdiensten. Nicht zu allen, aber immer wieder, auch zu Konzerten. Auch war Heinz bei jedem Männerabend dabei und brachte immer andere mit. Bekehrt hat sich Heinz bis jetzt leider noch nicht. Aber er ist von einer -100 auf -10 gestiegen. Auch sind ein paar Kontakte in die Gemeinde gewachsen, so dass er sich auch mit anderen gut unterhalten hat. Manchmal sprach er sogar von seinem Pastor.

Ein Hobby kann Menschen verbinden und Trennungen wegnehmen. Doch für uns Nichtevangelisten ist es eine so tolle und einfache Gelegenheit mit Menschen, ganz normalen Menschen, in Kontakt zu kommen und wir haben etwas was uns verbindet.

Straßenkirche und die Bratwurst

Wenn es in Gemeinden heißt, wir gehen auf die Straße, um zu evangelisieren, ist das für den einen oder anderen sicher ein Alptraum. Ich denke so ging es auch einigen als wir Straßenkirche zum ersten Mal geplant hatten. Ich hatte es eingangs schon erwähnt.

Doch zugleich war es aufregend. Ich erinnere mich gern an verschiedenen Begegnungen. Wir hatten uns als Team schnell abgesprochen, dass wir jedem die Freiheit lassen wollten, wie er wollte. Was konkret bedeutete, keiner musste jemanden ansprechen, sondern konnte auch nur dabei sein. Wir hatten immer Kinder aus der Gemeinde mit dabei und die hatten ihren Spaß beim Verteilen von kleinen Aufmerksamkeiten an Vorbeigehende.

Ich selber habe oft die Gelegenheit genutzt und bin ins Rathaus oder zu Geschäften gegangen und habe dort auch etwas abgegeben. Wir hatten meistens die Plusprodukte von Marburger Medien. Es gab in unserer Straßenkirche jedoch nur Menschen, die von allein rein kamen und es waren nicht wenige. Einmal besuchte uns ein Mann, der erzählte, dass er sich durch halb Europa eine Verfolgungsjagd mit der Polizei geliefert hat und selbst mit Hubschraubern haben sie ihn nicht eingeholt. Ein anderes Mal durfte ich für eine ältere Dame beten, die mir aus ihrem Leben erzählte. Man musste keinen fragen, sondern die Menschen kamen und erzählten.

Besonders traurig machte mich die Geschichte von einem Mann, der mir ganz stolz erzählte, dass er vor vielen Jahren einen Brief von einem Versandhaus bekommen hat, dass ihn zur Filialeröffnung eingeladen hat. Der Brief veränderte sein Leben, sagte der Mann. Er habe dann nur noch, was er braucht, dort eingekauft, weil sie an ihn gedacht haben. Er hat die falsche Quelle für sein Leben gewählt und war enttäuscht als diese geschlossen wurde.

Einmal schrieb uns jemand, der im Urlaub war, hinterher eine Karte und bedankte sich für die netten Gespräche in der Straßenkirche.

Sehr oft waren wir kurz vor Muttertag mit der Straßenkirche unterwegs und verschenkten Kleinigkeiten an Frauen. Gerade ältere Damen waren so dankbar, weil sie oft von niemanden etwas bekamen. Rückblickend hatten wir nur wenig sichtbare Frucht durch diese Einsätze, aber ich glaube, dass auf der Engelskala der eine oder andere seinen Platz neu definieren musste. Genau das war auch unser Ziel. Das haben wir auch erreicht.

Dann gab es da noch ein nettes Ehepaar, das in der Fußgängerzone Würstchen verkaufte. Wir haben als Familie dort öfters welche gekauft. Wenn Straßenkirche war, haben wir ihnen immer etwas Nettes gebracht. Ganz oft haben sie uns dann zu einer Bratwurst eingeladen. Es war immer eine Saat mit dabei, die wir weiter gegeben haben.

Doch was ist eine Straßenkirche? Das hatten wir nicht erfunden, sondern ein Pastor mit dem Namen Even Grüner. Es sind zwei sehr stabile Gartenpavillons, die dann mit Bistrotischen und Infofläche in der Stadt standen und es stand dann darauf: Straßenkirche. Allein das Wort regte viele Gespräche an und man brauchte nur wenig auf die Menschen zuzugehen. Oft und viele kamen von ganz allein und wollten wissen, was das ist.

Für mich eine geniale Idee, in der man viel Kreativität hineinstecken kann. Angelehnt an Arno Backhaus hatten wir auch immer ein Puzzle mit dabei und Menschen kamen, um zu puzzeln. Es ist nie fertig geworden, aber es hat oft für ein Gespräch gesorgt.

Auch hatten wir eine Bastelecke für Kinder mit dabei. Manchmal mussten wir auch mit dem Wind kämpfen und am Abend feststellen, dass wir einen Meter weiter Richtung Innenstadt mit unserer Straßenkirche gewandert sind. Eine Kirche sollte immer mobil sein.

Wenn du sagst, das ist mir schon zu viel, andere ansprechen oder angesprochen werden, dann kannst du auch dafür sorgen, dass es zu Trinken und zu Essen für die Besucher und Mitarbeiter gibt. Beim Auf - und Abbau helfen. Oder einfach nur im Hintergrund sein und zu sehen und hier und da assistieren und neues Material bereit stellen. Reinhard Bonnke hat in seinem Fullflame Film ganz recht, wenn er sagt *„Am Deck wird* *jede Hand gebraucht*". So ist es auch bei der Straßenkirche und jeder hat etwas manchmal nur viel Luft für ein paar Luftballons.

In unserer ersten Stelle hatten wir so etwas ähnliches wie Straßenkirche. Auch da hatten wir nicht so die Evangelisten. Doch auch wir sind rausgegangen.

Wir hatten jedes Jahr beim Stadtfest mitgemacht. Es gab einen Seitenflügel, wo es etwas ruhiger war. Dort standen wir, verkauften Waffeln und zeigten was unsere Pfadfinder so machten. Einmal haben wir sogar ein kleines Anspiel auf einer der Bühnen gehabt mit anschließender Kurzandacht. Zu uns kamen meistens Eltern mit Kindern, die Waffeln essen wollten und es etwas ruhiger wollten.

Bei einem Nachtreffen der Veranstalter wurde gefragt, was man am Stadtfest verbessern könnte. Es gab viele Ideen. Nach der Veranstaltung sprach ich noch mit der Leiterin fürs Stadtfest, dass man doch einmal mit einem Gottesdienst am Sonntag morgen starten könnte. Ich dachte innerlich, sie wird mich für verrückt halten, aber ich habe dem Drängen im Herzen nachgegeben. Zu meiner großen Überraschung sagte sie: Ja, machen sie mal einen Plan, wie das ausschauen könnte und es wurde ein großer Gottesdienst mit einem Gospelchor der Nachbargemeinde.

Mir zeigte das, dass verrückte Ideen und Mut und das Hören auf das leise Flüstern des

Heiligen Geistes wichtig sind. Denn es kann nur seine Idee gewesen sein, dass die Tür dafür so einfach aufgegangen ist.

Danke sagen an Pädagogen

Das mag jetzt etwas komisch klingen und sicher ist es für viele abwegig. Während einer Gebetszeit kam mir der Gedanke, dass wir einen Danktag für Lehrer und Erzieher machen sollten. Wir waren uns in der Gemeinde schnell einig, dass wir das gerne machen möchten: Ein kleines Fest mit Bratwürsten, einem kleinen Geschenk, einer kurzen Andacht und einem Konzert von Wade Thompson.

So gingen wir in allen Schulen und Kindergärten und luden dazu ein. Das Tolle war, man wurde oft gefragt, warum man das macht und viele waren einfach nur berührt, als wir sagten, weil sie sich in unsere Kinder investieren.

Zum großen Tag kamen dann aber nicht viele, eher sehr wenig und man könnte sagen, es war eine Enttäuschung. Doch an dem Tag passierten mehrere Dinge. Das erste war ein Interview, das ich mit einem Lehrer, den ich beim Einladungskarten verteilen, kennenlernte, einer angehenden Lehrerin, einer Erzieherin und einer ehemaligen Lehrerin führen durfte. Irgendjemand fragte mich im Interview noch mal nach dem Grund und ich sagte, weil wir danke sagen wollten und das es für mich was ganz besonders ist, weil ich ja nie in der Schule war und konnte so von meiner Heilung berichten und erzählen, dass ich selber nie in einer Schule gewesen bin.
Das löste zwei Dinge bei dem Lehrer aus: eine Einladung in seine Schule als Schüler für einen Tag, was ich auch ein paar Tage später machte.

Dort konnte ich in drei Klassen erzählen, warum ich als Schüler sozusagen dort bin, ein wenig wie in der Feuerzangenbohle mit Heinz Rühmann, nur nicht inkognito. Ich erzählte von meiner Krankheit und Heilung, auch in den Pausen im Lehrerzimmer.

Das andere war die Lehrerin im Ruhestand. Sie kam am nächsten Sonntag und hat uns unter Tränen erzählt, dass sie rausgemobbt wurde und ihr niemand danke gesagt hat. Sie hatte Gott nie verstanden, warum das so kam und für sie war unser Danke ein Geschenk von Gott an sie. Es hat uns alle tief berührt.

Manchmal sind die Ergebnisse ganz anders als man denkt. Vor allem da die Lehrerin im Ruhestand spontan dazu kam. Das Hören im Gebet, auf das Reden Gottes, ist so wichtig und dann nicht enttäuscht zu sein, wenn es anders ist als man es erwartet hat. Ich habe gelernt, dass an diesem Nachmittag der Heilige Geist eine tiefe Wunde geschlossen hat.

Männerabende und großes Kino

Es waren einmal zwei Männer, die sich getroffen haben, um einen Film zu schauen. Die Verabredung stand, der Film war klar, es gab Chips, Cola und Bier. Das alles in einem Kellerraum, der als Kino in einem privatem kleinen Raum genutzt wurde. Aus den zwei wurden vier, aus den vier wurden dann viel mehr. So mussten wir es an einen anderen Ort verlegen. Gesagt, getan. Der neue Ort war der Gottesdienstsaal der Gemeinde. Die Fenster wurden über den Sommer mit schwarzer Folie abgehangen und es gab Pizza vor dem Film. Die Filme wurden über eine Voting ausgewählt, so dass es immer eine recht bunte Mischung gab. Zum Teil trafen sich bis zu 15 Männer. Das ist aus den zwei Schafen entstanden. Es war dann eine gute Mischung von Menschen und Schafen und jeder brachte Freunde mit.

Es ist eine auf dem ersten Blick nicht so spannende Aktion. Doch jeder freute sich auf das Treffen einmal im Monat. Es gab eine nette Unterhaltung am Tisch über allerlei mögliche Themen. Zum Essen wurde dann selbstverständlich gebetet. Das ganz Tolle war, dass gerade auch die Nichtchristen darauf geachtet haben, dass erst für das Essen gedankt wurde und dann gegessen wurde. Das hat sich deswegen auch ganz lustig ergeben, weil ein Schaf immer nicht abwarten konnte und schon anfing, seine Pizza zu essen, bevor alle anderen ihr Essen hatten oder gar bevor gebetet wurde.

Das Ergebnis war dann, dass dieses Schaf von den Nichtchristen ermahnt wurde.

Es zeigt mir, dass normale Menschen überhaupt kein Problem mit Gebet haben, auch nicht, wenn es um so einfache Dinge wie für ein paar Pizzen ist.

Es ist keine große Saat, die gestreut wurde, sondern eine ganz kleine, die jedoch auch zeigt, dass Schafe ganz normale Menschen sein können.

Ja und noch etwas, dass es auch möglich ist, Männer zu erreichen, ganz normale Männer, die dann auch zu einem Konzert oder besonderen, anderen Veranstaltungen gekommen sind. Auch eine kleine Saat ist Saat, die aufgehen kann.

Auch ein Radio ist eine Möglichkeit

Im Zeitalter des Internets sollte man meinen, dass Radio nur eine kleine Möglichkeit wäre. Das mag sein. Es mag auch sein, weil ich nicht so der Radiotyp bin. Doch war es eine Möglichkeit, einmal im Monat von vielen gehört zu werden. Das Projekt nannte sich Kirche im Radio und wurde von allen Kirchengemeinden vor Ort unterstützt. Jeder hatte einmal im Monat fünf Minuten Zeit, eine kleine Sendung ins Radio zu stellen. In diesen fünf Minuten war auch Musik enthalten, wenn man wollte. Wenn man gewollt hätte, wäre auch eine eigene Sendung möglich gewesen, auch einmal im Monat oder sogar in der Woche. Nur dafür muss man entsprechende Mitarbeiter haben.

Der Besuch im Radio war immer ganz interessant, nicht wegen der Andacht und den Vorbereitungen, sondern wegen der Reaktion der Redakteure.

Sie waren immer wieder fasziniert vom freikirchlichen Hintergrund, der modernen Musik und in dem Fall auch vom freien Sprechen. Ab und an ergaben sich nette Gespräche oder Rückfragen von den Mitarbeitern im Radio. Selbst, wenn nur wenige die Sendung gehört hätten, aber die Techniker, die dabei saßen und die Aufnahme machten, hat es gefallen.

eBay hat fast alles

Vor einiger Zeit kamen wir auf die Idee, auch mal bei eBay zu schauen. Das große Onlineportal hat neben dem großen Verkaufsportal noch Kleinanzeigen und da gibt es auch den Punkt Freizeit. Wir entdeckten die Anzeige einer Familie aus einem Nachbardorf. Sie suchten eine Familie mit Kindern, um gemeinsame Aktivitäten zu starten wie Grillen, Spazieren usw. Uns als Familie zeigte das, wie es zum Teil als Familie wirklich schwer ist, in Kontakt zu kommen, denn die Familie war nicht neu im Dorf, sondern sie fanden nur schwer Kontakt. Es ist total ungewöhnlich, darüber Kontakt zu bekommen, aber man konnte sich über so viele Themen austauschen wie Familie, Arbeit, Freizeit. Bei dem Punkt Arbeit ist das bei einer Pastorenfamilie natürlich sehr interessant. Die Neugierde war einfach da, mehr zu erfahren über Glauben, was ist eine Freikirche und so kamen sie auch mal zu einem besonderen Gottesdienst.

Dieser Weg ist total einfach für jeden, der nicht so jemanden auf der Straße ansprechen würde, weil hier ja der andere sucht und angesprochen werden möchte und Themen gibt es für Familien immer. Hier kann man dann auch einfach nur sagen, dass man Christ ist oder sonntags zum Gottesdienst geht. Stark ist es dann, wenn es in der Gemeinde dann Anlässe gibt, wo man seine Bekannten einladen kann, wenn man das nicht zum normalen Gottesdienst möchte. Wobei hier das Gegenüber schon merken sollte, dass es nicht darum geht, jemanden in die Gemeinde zu bringen, sondern, dass man wirklich Kontakt sucht.

Ich denke, es gibt soviel Menschen, die allein sind. Auch als Familie, gerade wenn sie eventuell von A nach B umgezogen sind aus beruflichen oder anderen Gründen, da sind Menschen offen für Neues.

Wir haben es auch mal umgedreht gemacht. Da waren wir neu in einem Ort und haben in der Zeitung nach Menschen in unserem Alter gesucht. Eines der Treffen ist mir bis heute im Gedächtnis geblieben. Als jemand, der gern Monopoly spielt, hatten wir einmal einen Monopolyabend. Es war ein langes und nicht einfaches Spiel, weil einer unserer Mitspieler, ein Monopoly - „Experte" ständig noch weitere Zusatzregeln hervorbrachte. Also wichtig beim missionarischen Monopolyabend ist, vorher die Spielregeln abzusprechen.

Da war der Kegelabend schon viel einfacher. Wenn nicht alle Kegeln umfallen, sind welche stehengeblieben.

Für uns waren beide Fälle eine gute Gelegenheit, Menschen kennen zu lernen, die man so eigentlich nie getroffen hätte. Das mit eBay war so ein Impuls nach einer Gebetszeit. Ich denke, dass, wenn wir auf das Reden des Heiligen Geistes hören, wenn wir ihm sagen, wir wollen Menschen kennen lernen, eröffnet er uns ein weites Feld.

Nun kommt etwas, was sicher nicht für jeden geeignet ist, aber sehr viele Möglichkeiten bietet. Vor ein paar Jahren fing ich an, neben meinen Dienst als Pastor, Redner auf Hochzeiten zu sein. Seitdem habe ich weit über 70 Paare begleiten dürfen.

Das Interessante ist, dass die meisten Paare, die zu mir kommen, immer sagen, wir möchten aber nichts Kirchliches oder etwas über Glauben hören. Doch sie kommen zu einem Pastor, der auf ihrer Hochzeit sprechen soll.

Beim Planen der Trauung ist es dann doch immer, dass einer von beiden anfängt und sagt, warum macht ein Pastor eigentlich Trauungen? Oder was ist eigentlich ein Pastor einer Freikirche oder was ist eine Freikirche? Was immer wieder kommt, dass Paare, die sagen, sie wollen nichts mit Glauben zutun haben auf einmal sagen, aber einen Segen hätten wir gern. Dann kann man sich darüber austauschen warum.

Oft erzählen Paare auch ein wenig mehr von sich und man darf in Situationen hinein sprechen. Ein Paar hatte ich, wo ich nach der Trauung mit beiden beten durfte.

Bei der Rede ist es dann so, dass ich auf Ehe und Liebe eingehe und oft wird man nach der Trauung angesprochen, das sie das auf noch keiner Hochzeit hörten, dass Ehe und Liebe so einen Wert haben.

Dann kann man sich im Kleinen sehr schön darüber unterhalten, warum man in der Ehe so einen großen Wert sieht. Bei einer Hochzeit bekommt man die beste Möglichkeit kleine Begleitungen oder auch größere zu geben, um zu sagen, Ehe ist ein Wert Gottes und damit ein Geschenk an uns.

Mit ein paar Paaren haben wir auch heute noch Kontakt, es kommen dann auch immer mal wieder Fragen zum Thema Ehe und Kindererziehung.

Kochen für Groß und Klein

Als jemand, der gern kocht, haben wir vor einiger Zeit einen Kochkurs für Kinder gestartet. Es war so spannend. Wir hatten eine kleine Einladung fertig gemacht und wollten diese in der Grundschule verteilen. Doch die Antwort war, dass wir das nicht dürfen. Nur vor der Schule. Doch das richtig tolle war, dass die Kinder, die uns gesehen haben, die Einladungen holten und dann auf dem Pausenhof verteilten und wir so auf einmal ganz viele, kleine Helfer hatten. Daraus ergab sich der Kochkurs mit 10 Kindern. Es hatte sowohl den Kindern als auch uns sehr viel Spaß gemacht. Vor jedem Kochen gab es eine kleine Geschichte und wir haben für das Essen gebetet. Dann wurde gekocht und aufgeräumt und nicht zu vergessen, wir haben es uns gemeinsam schmecken lassen. Wenn dann noch Zeit war, haben wir noch gespielt. Aus dem Kochkurs ist eine Kindergruppe entstanden, die es bis heute noch gibt.

Ausprobiert haben wir es noch nicht, aber einen Kochkurs mit Erwachsenen wäre auch eine Möglichkeit. Ich habe in Gesprächen immer wieder festgestellt, dass viele heute gar nicht mehr kochen können.

Für jeden Nichtevangelisten ist es so eine ganz tolle Gelegenheit mit Menschen in Kontakt zu kommen. Man kann ja auch biblische Gerichte kochen.
Überhaupt sind Tipps und Hilfestellung von Experten immer wieder eine tolle Möglichkeit, mit

Menschen Kontakt zu haben. Auch für jeden, dem das eigentlich nicht so leicht fällt.

Ideen gibt es hier sicher viele, wie räume ich auf, Essen für Babys, Gärtner für Anfänger, Computer für Kinder usw.

Wenn du also ein Experte, aber kein Evangelist bist, hat Dir Gott eine Möglichkeit gegeben, in seinem Reich etwas zu bewegen, dass normale Menschen in Kontakt mit dir oder Gemeinde kommen. Bete und frage Gott, was du machen könntest. Kleine Dinge haben große Auswirkungen.

Zug und Bus

Hier kommt die Variation, die schon ein wenig mehr Mut erfordert. Es gab eine Zeit, in der ich viel Zug gefahren bin. Sehr oft habe ich den Nachtzug genommen. An eine Nachtfahrt kann ich mich noch sehr gut erinnern. Eine reisende Person schrie wie wild durch den Zug und beschimpfte alle mitfahrenden Gäste. Bei der nächsten Station ist die Person ausgestiegen und der ganze Großraumwaagon fing an zu klatschen. Damit war die Nachtruhe jedoch auch sehr unterbrochen. So bekam ich ein Gespräch zwischen einem jungen Mann und einer jungen Frau mit. Er erzählte von sich und wo er hin unterwegs war und dass dort Frau und Kind auf ihm warten und dann auf einmal versuchte er bei der jungen Frau zu landen. Es war für mich nicht einfach und so mixte ich mich ungefragt in das Gespräch ein und fragte, ob es mir erlaubt sei, etwas zu dem Thema zu sagen. Beide hatten kein Problem damit. Zwei Stationen später stieg die junge Dame aus, mit dem jungen Mann hatte ich noch ein langes Gespräch über Ehe, Familie und über den Glauben an Jesus Christus.

Ist das jetzt evangelistisch? Ich glaube ja, weil, wenn wir so vom Heiligen Geist an diese Stelle geführt im Zug sitzen und statt schlafen, mit jemanden klar und deutlich reden dürfen, ist das ein Moment, den Gott geschaffen hat. Ob sich der junge Mann bekehrt hat, nein, aber er war sehr nachdenklich nach unserem Gespräch. Alles andere werden wir eventuell im Himmel erfahren.

Ein anderes Mal, nicht im Nachtzug, saß mir eine ältere Frau gegenüber und ich überlegte, wie kann man mit ihr ins Gespräch kommen. Das einfachste wäre ansprechen. Das wollte ich aber auch nicht, worüber auch. Wie gesagt, bin ja nicht wie mein Freund Ruben. Ich holte mein Bibel raus und las darin. Auf einmal sprach mich die ältere Dame an, warum ein junger Mensch Bibel lesen würde. Ich war Jesus so dankbar, weil jetzt konnten wir ein tolles Gespräch führen. Auch hier glaube ich nicht an einen Zufall. Wenn du unterwegs bist, halte die Augen offen und wenn du dich nicht traust. Der Heilige Geist findet einen Weg. Doch wichtig ist dabei, dass du mitmachen möchtest.

Gemeindeumzug als evangelistische Methode?

Vor ein paar Jahren sind wir als Gemeinde umgezogen. Als ich unsere Tochter zum Kindergarten brachte, sprach mich eine Mutter an und sagte, ihr seid jetzt aber oft in der Gegend und ich erzählte, dass wir als Gemeinde nun hier Räume gemietet haben. Das fand sie interessant, vor allem kam die Frage, was ist denn eine Freikirche und ob wir Hilfe beim Umzug bräuchten. Sie schickte uns ihren Mann vorbei, der „sehr“ begeistert war, mitzuhelfen. Es sah an diesem Tag total nach Regen aus und alles sprach dafür, dass es jedem Monat losschütten sollte. Wir haben alle zusammen gebetet, dass der Regen ausbleibt. Max war dabei. Im Laufe des Vormittags veränderte sich Maxs Laune und er wurde lustig. Gegen Mittag kam er auf mich zu und sagte „Ich muss jetzt leider los, ich wäre noch so gern geblieben, ich komme morgen und helfe euch beim weiterem Umzug“. Er erzählte mir später, dass er vom Gebet so beeindruckt gewesen ist, weil wir fürs Wetter gebetet haben. Max wurde später Hausmeister in der Gemeinde. Er war immer da und hörte Lobpreis und fing an, selber zu beten und Menschen anzuschleppen. Auch ein Umzug kann zu Lebensveränderung beitragen, auch wenn das natürlich nicht so regelmäßig geht.

Kleiderkammer als Treffpunkt

Als Gemeinde haben wir ein großes evangelistisches Projekt gestartet, dass fast alle in der Gemeinde mit eingebunden hat und gerade auch die Nichtevangelisten waren gefragt. Es war bei uns so. Dadurch, dass wir das Gemeindebistro außerhalb des Sonntags öffneten, entwickelte sich ein Stammtisch aus dem Viertel. Auf der Terrasse spielten Kinder, es gab Kinderbasteln und natürlich auch einen Raum mit vielen Anziehsachen. Es gab Menschen, die Gespräche und Ratschläge brauchten, andere haben nur so aus ihrem Leben berichtet. Im Schnitt kamen an einem Nachmittag ca. 30-50 Personen und mit der Zeit kamen auch viele in den Gottesdienst oder zu Gemeindefeiern oder Ausflügen. Es entstand ein pulsierendes Leben. Einige der Besucher wollten mitarbeiten und helfen. So gab es an einem normalen Nachmittag Schafe und Menschen, die zusammenarbeiteten und so sind auch viele Nichtevangelisten mit Menschen zusammen gekommen.

Briefmarken als Türöffner

Eine Zeit lang hatten wir als Gemeinde einen, von der Deutschen Post AG, eingerichteten Briefmarkenverkauf bei uns im Gemeindehaus. Verantwortet hat ihn eine ganz liebe Schwester aus unserer Gemeinde, die alles andere als Evangelisten war, aber gut mit Zahlen umgehen konnte und ein Herz für Menschen hatte. So brachte sie mit dem Verkauf von Marken immer wieder auch Menschen dazu, mal über etwas nachzudenken oder gab Ratschläge für den Alltag. Finanziell gesehen, ist mit Briefmarken kein Geschäft zu machen, aber für den kleinen Plausch am Markenstand in der Gemeinde ein toller Türöffner für jeden, der eigentlich nicht auf jemanden zugehen würde.

Ferienprogramm und Ausflüge

Auch Ferienprogramm gehört zu der Möglichkeit, mit Menschen in Kontakt zu kommen, auch wenn jemand Nichtevangelist ist, sondern nur eine Liebe zu Kindern oder zu Verlorenen hat.
Auch Ausflüge sind tolle Möglichkeiten, weil man dazu einladen kann, ohne dass es großer Einsätze bedarf. Denn hier geht es darum, mit anderen zusammen zu spazieren und dann zusammen zu essen. Jesus machte das auch immer. Er hat mit vielen gegessen und verbrachte einfach viel Zeit mit Menschen. Zeit mit anderen zu verbringen ist so wertvoll.

Es kommt oft anders als man denkt

Im letzten Jahr war ich auf dem Weg zu einer Hochzeitsmesse. Ich saß im Auto sehr deprimiert, weil ich eigentlich mit meiner Frau zusammen fahren wollte. Aus dem Jahr davor wussten wir, dass es praktisch ist, wenn man zu zweit ist. Schon allein, um sich zu unterhalten in den Zeiten, wenn nicht so viel los ist. So fuhr ich allein und betete, dass Jesus mir einen erfolgreichen Tag schenken solle. Hatte dabei an ein Brautpaar gedacht, die ich unter Vertrag nehme, um sie an ihrem wichtigsten Tag zu begleiten. Melanie und ich hatten einen Tag vorher schon den Stand aufgebaut, so dass ich nur noch ein paar Kleinigkeiten erledigen musste. Ich stellte mich dann dem Standnachbarn vor, unter anderem der Schwester von einem Paar, dass ich ein paar Wochen zuvor getraut habe. Neben mir war ein Mann, der recht unfreundlich und kurz rüberkam. Nach einem sehr kurzen Moment des Begrüßens widmete er sich seinen Stand. Es waren noch ca. 10 Minuten bis zur Eröffnung der Messe. Kurze Zeit später, nachdem die Messe eröffnete, sprach mich dennoch mein Standnachbar an, genau jener Mann, der so kurz angebunden war. Die Messe eröffnete um 8:30. Mein Gespräch endete um 17:45. In dieser Zeit hat mir dieser Mann aus seinem Leben erzählt, von all seinen Problemen, Nöten und Angriffen, die er seit einiger Zeit erlebt. Es ist eine heftige Geschichte gewesen. Ich konnte ihm im Gespräch immer wieder von Jesus erzählen, der genau für diese seiner Probleme gestorben ist. Um 17:55 sind wir zusammen in seinen Transporter gestiegen und ich durfte für diesen verzweifelten Mann beten und er selber hatte zum ersten Mal zu Gott gebetet. Nein, er hat nicht sein Leben Jesus gegeben, aber er hat unter Tränen um Hilfe und Befreiung aus seiner Not gebetet.

Geschäftlich war dieser Tag ein Desaster, weil ich keine Zeit für Kunden hatte, die zum Stand gekommen sind. Ich weiß nicht einmal, ob jemand gekommen ist, aber ich weiß, dass Jesus mir einen besonderen Tag geschenkt hat. Um nichts anderes hatte ich ihn ja gebeten, auch wenn ich da an Verträge dachte. Für Jesus war das ein erfolgreicher Tag. Davon bin ich überzeugt.

Es sind viele Momente, an die man sehr gern denkt und manchmal mit einem humorvollen Blick, manchmal mit einem nachdenklichen und leider auch mal mit einem traurigen. Jede einzelne Aktion oder Begegnung war besonders, nicht immer mit dem „Erfolg“, den man sich gewünscht hat, aber mit Gottes Moment, weil man viele Dinge erst sehr viel später sieht oder wir gar nicht mitbekommen. Gerade bei Menschen, die man nur einmal sieht und dann nie wieder. Wir können nur darauf vertrauen, dass unser himmlischer Vater im Hintergrund viel mehr an den Herzen von Menschen arbeitet als wir uns denken. Der Heilige Geist ist zumindest an den Herzen eines jeden einzelnen dran. Das bringt uns dann auch gleich ins nächste Kapitel.

Zielgerichtet Beten

Wir kommen bei aller Kreativität, die es im Reich Gottes gibt, nicht ohne zielgerichtetes Gebet aus, damit Schafe in Kontakt mit Menschen kommen und damit aus Menschen im richtigen Moment Schafe werden.

Neben Evangelisation ist Gebet sicher das Thema, dass in Gemeinden am beliebtesten ist. Gebet ist jedoch der Schlüssel zum Herzen der einzelnen Menschen. Deswegen ist es wichtig, dass wir ganz gezielt beten. Vor einigen Jahren haben wir das in Verbindung mit einem strategischen Verteilen von Einladungen verbunden, indem wir Gebiete auf dem Stadtplan markiert haben und dann gezielt verteilt haben. Doch nicht nur das dort verteilt wurde, nein es wurde auch beim Verteilen oder in extra Gebetsspaziergängen in diesem Gebiet gebetet. Hierzu liegen zwei wichtige Bibelstellen zugrunde.

„Bemüht euch um das Wohl der Stadt, in die ich euch wegführen ließ, und betet für sie. Wenn es ihr gut geht, wird es auch euch gut gehen", Jeremia 29,7 (Hoffnung für alle)

Was ihr auf der Erde binden werdet, das soll auch im Himmel gebunden sein. Und was ihr auf der Erde lösen werdet, das soll auch im Himmel gelöst sein.
Aber auch das sage ich euch: „Wenn zwei von euch hier auf der Erde meinen Vater im Himmel um etwas bitten wollen und darin

übereinstimmen, dann wird er es ihnen geben. Denn wo zwei oder drei in meinem Namen zusammenkommen, bin ich in ihrer Mitte", Matthäus 18,18-20 (Hoffnung für alle)

Wir sollen im Gebet für die Stadt, in der wir leben, eintreten. Das bedeutet besonders für die Menschen dieser Stadt. Als dieses Wort aus Jeremia an seine Hörer geht, sind sie umgeben von Menschen, die ihnen Böses wollten. Doch Gott fordert sie hier auf, ganz bewusst und gezielt für ihre Stadt, in der sie jetzt leben, zu beten. Auch wenn sie dort nicht hinwollten. Das bedeutet auch für uns heute, dass wir eine totale Verantwortung für die Stadt haben, in der wir leben.

Vor ein paar Jahren haben wir angefangen, Gebetsspaziergänge in dem Gebiet der Gemeinde zu veranstalten. Als wir damit anfingen, konnte man durch Straßen gehen, die runtergekommen waren und eine düstere Schwere hatten. Einmal ist eine alte Fabrik zusammengefallen und lag auf der Straße. Die Stadtverwaltung stellte Schilder auf und erklärte diese Straße zur Sackgasse auf beiden Seiten. Nichts passierte. Es war so deprimierend.

Doch je mehr wir unsere Spaziergänge im Gebet durch diese Straßen durchführten, um so mehr konnten wir auf einmal eine Veränderung feststellen. Die Straßenzüge veränderten sich, die Fabrik wurde entfernt. Heute sind in den Straßen schöne Häuser und man spürt eine veränderte Atmosphäre. Ich bin überzeugt, dass

Jesus hier gewirkt hat und die Dinge verändert hat. Auch kamen immer mehr „Rotlichteinrichtungen“ dort hin. Doch auch die sind verschwunden.

Hier hat sich gezeigt, dass wenn wir beten, sich wirklich etwas bewegt. Nicht nur, dass was wir sehen, sondern auch im Unsichtbaren, weil wir zielgerichtet gebetet haben.

Ein anderes Beispiel möchte ich auch nennen. Von der großen Autokrise war auch unsere damalige Stadt betroffen. Wir sind regelmäßig auf dem Bahnhof, der bei dem Autohersteller lag, gewesen und haben gebetet, gerade dann, wenn es um wichtige Entscheidungen gegangen ist. Die Fabrik steht und arbeitet heute noch.

Suchen wir das Beste für unsere Stadt? Das Beste ist, wenn wir als Christen aufstehen und gezielt beten. Auch wenn es im ersten Moment so aussieht, als ob nichts passiert, der Heilige Geist wird Dinge verändern.

Auch wenn du nicht weißt, was du im ersten Moment für Deine Stadt beten sollst, dann nutzte die Gaben Gottes und bete in neuen Zungen und lass dir vom Heiligen Geist schenken, für was du besonderes beten sollst.

Im Rahmen unserer Gebetsspaziergänge gab es immer wieder Häuser vor denen wir bewusst stehen geblieben sind, weil wir den Eindruck hatten, dass wir hier besonderes beten sollten.

Jemand in unserer Gemeinde hatte dann vorgeschlagen, dass wir einmal rund um die Stadt von jedem Berg aus beten sollten. Im Rahmen dessen kam dann auch heraus, dass in der Hitlerzeit, in genau dieser Stadt, böse Dinge geschehen sind, die nicht gegen Menschen, sondern das Reich Gottes gegangen sind. Wir haben uns dann im Gebet gegen diese Dinge gestellt und haben für den großen Segen der einmal aus dieser Stadt herausgeflossen ist, gebetet, dass er neu aufbrechen soll.

Oft wurden wir bei unseren Gebeten auf dem Berg, an Mose bei der Schlacht gegen Amalek, erinnert. Wo Mose auf dem Berg stand und gebetet hat und unten Josua kämpfte und immer, wenn Mose die Arme gesunken sind, dann überlagen die Feinde, aber wenn Mose die Arme hob, siegte das Team um Jousa. Aaaron und Hur stärkten Mose die Arme, damit sie nicht müde wurden.

Wenn wir für die Menschen und Stadt beten, dass Jesus dort Ernte bekommt, dann ist das auch ein Kampf im Unsichtbaren und dazu sind wir herausgefordert. Lobpreis gehört wie das Gebet dazu, denn Gott wohnt im Lobpreis seines Volkes. So war neben Gebet auch Lobpreis mit auf die Berge der Stadt gekommen.

Etwas anderes, was wir immer gezielt gestartet haben, war, dass wir an die Orte, wo wir einen Einsatz vorhatten, hingegangen sind, über mehrere Wochen vorher und haben gebetet. Ob das in der Innenstadt oder auf anderen Plätzen gewesen ist.

Ohne die Macht des Gebetes, vor allem den gezielten Gebetes, wären viele Dinge nicht passiert und ich bin überzeugt, mehr denn je, dass unser Land eine große Schar an Betern braucht, gerade auch für die Ernte.

„Die Ernte ist groß, aber es gibt nur wenige Arbeiter. Deshalb bittet den Herrn, dass er noch mehr Arbeiter aussendet, die seine Ernte einbringen“. Lukas 10,2 (Hoffnung für alle)

Jesus hat uns eine große Ernte versprochen, und er hat nicht gesagt, es gibt nur eine kleine Ernte, sondern eine große und davon bin ich mehr als überzeugt.

Ich denke, dass wir dafür ganz gezielt beten müssen, dass wir viel mehr Erntearbeiter bekommen. Dazu gehören auch wir Nichtevangelisten. Mein Gebet ist, dass wir mit Mut erfüllt werden, um loszugehen und Menschen anzusprechen, auch wenn wir nicht die Evangelisten sind. Genauso wie wir für die vielen Frauen und Männer Gottes beten müssen, die auf den Erntefeldern sind, um Menschen in Gottes Reich einzuladen.

Beten wir gezielt für einzelne Personen, Gruppen und Städte, dass durch den Heiligen Geist eine Transformation beginnt und ganze Städte verändert werden. Doch auch genauso DER eine.

Nehmen wir uns jetzt Zeit und beten, dass sich der Himmel öffnet und Gott Ströme über uns und unser Land gießen möchte, damit sein Reich wächst. Du bist ein Teil davon und das ist so genial, Danke, dass Du jetzt mitbetest, in diesem Moment für Menschen und Schafe und das Reich Gottes.

Jona und die Zielperson

Einer der bemerkenswertesten Berichte in der Bibel steht für mich im Alten Testament. Hier geht es um einen Mann, der sich überhaupt nicht als Evangelist bezeichnen würde und ich glaube auch gar nicht sein möchte.

Es geht um den Propheten Jona, der direkt von Gott gesagt bekommt, wo er hingehen soll und was er sagen soll.

Der Herr sprach zu Jona, dem Sohn Amittais: »Geh in die große und mächtige Stadt Ninive, und kündige ihren Einwohnern an, dass ich sie strafen werde. Denn ich kenne ihre Bosheit. «
Jona machte sich auf den Weg- aber in die entgegengesetzte Richtung! Er floh vor dem Herrn und kam zunächst in die Hafenstadt Jafo. Dort fand er ein Schiff, das gerade nach Tarsis segeln sollte. Er bezahlte das Geld für die Überfahrt und ging an Bord.
Jona 1,1-3 (Hoffnung für alle)

Genau das wünschen wir uns doch, dass der Heilige Geist uns eine Person genau aufs Herz legt oder besser noch genau vor die Nase setzt und sagt: „Geh los, sprich diese Person an und sage folgendes“.

Genau das hat Gott bei Jona getan. Doch statt in Freude auszubrechen, macht er folgendes. Er läuft vor Gottes Auftrag davon.

Jona möchte diesen Personen nicht von Gott erzählen und ihnen nicht die Chance geben, die Gott für sie vorgesehen hat, im Gegenteil.

Nun kann man Jona eventuell verstehen, wenn man die Umstände betrachtet, unter denen Jona seinen Auftrag ausführen sollte. Sie waren nun alles andere als perfekt.

Zum einen waren die Menschen von Ninive nicht so, wie man sich das für seine Gemeinde vorstellen würde. Die waren bekannt dafür, dass sie böse sind. Ja, mehr noch. Die Menschen in Ninive waren für ihre Grausamkeit bekannt, dass sie Städte überfielen und plünderten. Auch die Kreuzigung wurde von ihnen erfunden, später dann von den Römern übernommen und perfektioniert.

Die Menschen in Ninive waren also eine Bedrohung für Jona und sein Land. Ich verstehe Jona, wenn er sagt, ich möchte gar nicht, dass diese Menschen gerettet werden. Aus Jona seiner Sicht kann man das verstehen, warum er nicht nach Ninive möchte.

Dazu kommt ja noch viel mehr. Wenn jemand zu der Zeit, in der Jona lebte, eine schlechte Nachricht überbrachte, so wurde in den meisten Fällen der Bote anschließend umgebracht. Weil er ja der Übermittler der schlechten Nachricht gewesen ist.

Wir hatten ja gerade schon gesehen, dass die Menschen in Ninive sehr grausam waren. Also hatte Jona auch sicher Angst um sein Leben. Denn seine Botschaft war ja nicht gerade aufbauend, sondern die Botschaft lautet ja, es kommt die Strafe Gottes, weil ihr so grausam seid. Anders als unsere Botschaft an die Menschen in unseren Städten und Dörfern. Jesus Christus ist für Dich gestorben, weil du so viel falsch gemacht hast, weil du vor Gott weg gelaufen bist. Aber die gute Nachricht ist, Gott will dich retten, aus dem, wo du gerade drinsteckst.

Unsere Botschaft ist so auferbauend, dass wir nur froh sein können, dass wir sie weitergeben dürfen. Oder? Geht es uns auch wie Jona, weil da ja auch Menschen sind, die wir nicht wollen, die nicht zu uns passen.

Jona läuft weg. Er scheut keine Kosten und Mühen und bucht eine Kreuzfahrt mit Badeurlaub. Er möchte den Auftrag „Geht hin in alle Welt und verkündet, dass Evangelium“ nicht umsetzen, sondern lieber weit weg gehen von dem, was er durch den Heiligen Geist gehört hat. Ich denke, so geht es uns auch oft. Kommt, lasst uns Menschen fischen. Ja genau dafür haben wir ja unsere Evangelisten und Spezialisten in der Gemeinde. Dafür gibt es Rubens und andere. Denn ich bin kein Evangelist so wie Jona.

Doch persönlich denke ich, dass wir alle ein evangelistisches Herz haben sollen. Das bedeutet eine Leidenschaft dafür, dass Menschen zu Jesus finden. Das muss nicht auf dem Marktplatz sein mit einem Mikro in der Hand sowie Jona, sondern auf meine persönliche Art und Weise. Doch wichtig ist, dass es geschieht, weil Gott eine Sehnsucht hat, Menschen zu erretten. Nicht nur uns, die wir so sind, „wie Gott das möchte“. Wenn wir denn so sind, wie er das möchte.

Jona erlebt mit seinem Weglaufen noch viel mehr. Auf seinem Kreuzfahrtschiff Richtung Badeurlaub, erlebt er, dass Gott auch aus dem größten Nichtevangelisten einen Evangelisten machen kann. Als dieser schwere Sturm das Schiff fast zum Sinken bringt, muss Jona zugeben, dass er vor Gott weglaufen will. Jona wird dann über Bord geschmissen und von dem von Gott geparkten Meerestier verschluckt zur Weiterreise.

Doch am Bord ist durch das Verhalten von Jona und die Reaktion von Gott eine kleine Erweckung ausgebrochen. Die Menschen an Bord finden zu Gott. Da waren keine perfekten Menschen auf dem Schiff, sondern Sünder, Heiden. Alles Menschen, die Jona eigentlich meiden würde. Jonas Weglaufen vor seinem Auftrag hat zur Folge gehabt, dass Menschen ihr Leben Jesus gegeben haben. Wenn das bei uns auch passieren würde, dann wäre es Klasse. Ich bin davon überzeugt, wenn es so wie bei Jona wäre, hätten wir schon auf der Welt eine der größten Erweckungen der Geschichte. Weil wir so viele Nichtevangelisten haben, wie Jona einer war.

Nachdem Jona nun ein paar Tage im Bauch des Fisches verbringen durfte, machte er sich auf den Weg nach Ninive. Denn Gott bestätigte seinen Auftrag noch einmal.

Nur mit dem Unterschied, dass er jetzt erst einmal lange laufen durfte, denn das Meer liegt nicht vor Ninive und er sich sicher auch erst einmal umgezogen hat, da er nach Fisch gerochen hat.

In Ninive verkündete er seine Botschaft. Ich hoffe echt, dass er inzwischen einen anderen Geruch hatte. Ansonsten könnte auch das der Grund sein, warum viele Christen Fische auf Autos kleben haben.

Das unmögliche passiert. Jonas Predigt hat Erfolg. Das was sich jeder wünscht, wenn er von Jesus erzählt, dass die Menschen die Botschaft annehmen und ihr Leben ändern. Der Traum eines jeden Pastors, Evangelisten und jeden Christen?
Doch was macht Jona? Er geht vor die Stadt und wartet. Darauf, dass sie endlich untergeht. Gott versucht, ihm sein Warten so angenehm wie möglich zu gestalten, und ihm zugleich eine Lektion zu lehren.

Jona aber ärgerte sich sehr darüber. Voller Zorn betete er:»Ach Herr, habe ich das nicht gleich geahnt, als ich noch zu Hause war? Darum wollte ich ja auch so rasch wie möglich nach Tarsis fliehen! Ich wusste es doch: Du bist ein gnädiger und barmherziger Gott. Deine Geduld

ist groß, deine Liebe kennt kein Ende. Du lässt dich umstimmen und strafst dann doch nicht. Herr, lass mich sterben, das ist besser als weiterzuleben! «
Aber der Herr erwiderte:»Ist es recht von dir, so wütend zu sein? «
Jona verließ Ninive. Östlich der Stadt machte er sich ein Laubdach und setzte sich in dessen Schatten nieder. Er wollte beobachten, was mit der Stadt geschehen würde.
Da ließ der Herr eine Rizinusstaude über Jona emporwachsen. Sie sollte ihm noch mehr Schatten geben und seinen Missmut vertreiben. Jona freute sich sehr über die Pflanze. Doch am nächsten Morgen, kurz vor Sonnenaufgang, ließ Gott einen Wurm die Wurzeln des Rizinus zerfressen und die Staude wurde welk und dürr.
Als die Sonne aufging, schickte Gott einen glühend heißen Ostwind. Die Sonne brannte Jona so auf den Kopf, dass er erschöpft zusammenbrach. Er wünschte sich zu sterben und seufzte:»Tot sein ist besser als weiterleben!«
Da fragte ihn Gott:»Ist es recht von dir, wegen dieser Rizinusstaude so zornig zu sein? « Jona antwortete:»Mit vollem Recht bin ich wütend, am liebsten wäre ich tot! «
Der Herr erwiderte:»Du hast dich mit dieser Staude keinen Augenblick abmühen müssen, nichts brauchtest du für sie zu tun. In einer Nacht ist sie gewachsen, und in der nächsten ging sie zugrunde. Trotzdem hättest du sie gerne verschont. Ich aber sollte Ninive nicht verschonen, diese große Stadt, in der mehr als 120000 Menschen leben, die Gut und Böse nicht

unterscheiden können, und dazu noch so viele Tiere.
Jona 4 (Hoffnung für alle)

Jona möchte lieber sterben. Das macht mich immer wieder traurig, wenn ich den Bericht von Jona lese. Anstatt sich zu freuen, wurde er nach seiner schlechten Nachricht nicht hingerichtet, sondern konnte die Stadt verlassen und sehen, wie so viele Menschen Buße tun und sich ändern wollten.

Jetzt hätte er sie lehren sollen, Gemeinde zu bauen. So damit hier etwas fürs Reich Gottes entsteht. Doch nein, er wollte lieber sterben.
Mich persönlich würde interessieren, was Jona Gott geantwortet hat, nach dem letzten Vers des Buches Jona. Leider schweigt die Bibel darüber, sicher wegen uns. Jeder von uns, der schon mal dachte, was macht denn der jetzt hier in meiner Gemeinde. Denn in dem Moment sind wir wie Jona oder kennst du lieber Leser solche Gedanken nicht? Jesus hat auch eine Zielperson oder Gruppe für dich, der oder denen du von ihm erzählen kannst.

Josua und ein verrückter Auftrag

Nachdem wir uns Jonas angesehen haben und eventuell uns hier und da wieder gefunden haben, möchte ich einer anderen biblischen Person ein wenig Zeit gönnen. Es ist Josua, der Nachfolger von Mose. Persönlich stelle ich mir es nicht einfach vor, der Nachfolger von Mose zu sein. Zum einen, weil das Volk Gottes wirklich anstrengend war. Immer hatte es irgendetwas zum Nörgeln. Es ist ja nicht so wie heute. Da haben es Pastoren in Gemeinden viel einfacher, weil ja viel weniger genörgelt wird. Zumindest nicht über Wüsten, Zelte, Ägypten und die Essensversorgung. Nein, das Volk Gottes war nicht einfach und das sollte Josua nun ins verheißene Land führen.

Dazu noch der Vorgänger Mose, ein gestandener Leiter, der viel erlebt hat. Viele Wunder, den Gott als Freund bezeichnet.

Ich denke, Josua hatte vor dieser Aufgabe sicher viel Respekt. Werden sie auf mich hören, kann ich das schaffen. Genauso geht es uns doch heute auch. Können wir es schaffen, werde ich mich überwinden, von Jesus zu erzählen. Da gibt es soviel begabterer als mich. Josua. Dir und mir gilt folgende Zusage aus dem Wort Gottes:

„Dein Leben lang wird niemand dich besiegen können. Denn ich bin bei dir, so wie ich bei Mose gewesen bin. Ich lasse dich nicht im Stich, nie wende ich mich von dir ab. Sei stark und mutig! Denn du wirst das Land einnehmen, das ich

euren Vorfahren versprochen habe, und wirst es den Israeliten geben".
Josua 1,5-6 (Hoffnung für alle)

Gott ist mit Josua sowie er mit Mose war und er wird Land einnehmen. So ist Gott mit uns, er hat uns den Heiligen Geist als Ausrüstung, Befähigung, Tröster und Schenker der guten Gaben gegeben. Sowie Josua das zugesagt bekommt, müssen auch wir der Zusage Gottes vertrauen, dass er durch seinen Heiligen Geist bei uns ist. Mit ihm zusammen können wir dann Land einnehmen und in unserem Fall Menschen für Jesus gewinnen.

Auch wenn der Auftrag manchmal etwas verrückt erscheint, so war es sicher für alle, die eine große Schlacht erwartet haben, um Jericho einzunehmen. Die große Stadt, mit den so starken Mauern, dass mehrere Streitwaagen darauf fahren konnten.

Ich kann mir gut vorstellen, wie Josua vor Gott gerungen hat, für den perfekten Plan zur Eroberung dieser zentralen Stadt. Genauso wie viele Gemeinden vor Gott ringen und überlegen, Beten oder Fasten, um ihren Weg in ihre Stadt zu finden.

Josua bekommt einen total abwegigen Plan. Militärisch scheint der nicht richtig durchdacht zu sein. Stellen wir uns doch einmal vor, wie Josua zu den Ältesten gegangen ist und Gottes Plan erzählt hat.

Sicher waren die Ältesten voll gespannt als Josua aus seiner Gebetszeit kam und berichtet, was Gott ihm gesagt hat. Der Plan ist, wir gehen alle zusammen schweigend um die Stadt. Die Strategen waren sicher begeistert, weil dort konnte man die Schwachstellen viel besser sehen, wo man die Mauer durchbrechen kann. Man konnte Zeichnungen anfertigen und es ist auch geschickt mit allen zu gehen. Da wird man nicht so schnell verhaftet, weil man Spionage betreibt. Die Strategen waren sicher gespannt, wie es weiter geht. Josua sagte dann, das machen wir am nächsten Tag noch einmal. Ja, das macht Sinn dachten die Strategen. Dann entdeckt man alles, was man beim ersten Mal übersehen hat. Sicher denken sie, auch Josua scheint ja gar nicht so dumm zu sein. Auch wenn er ja noch jung ist. Josua fährt fort und erklärt, dass das in den nächsten Tagen auch passieren soll. Ich kann mir gut vorstellen, wie der eine oder andere nun doch nicht mehr so begeistert von Josuas Plan war und fragte, ob er sich eventuell verhört hätte. Auch als Josua dann das Finale erzählte, war es sicher für einige schwer vorzustellen, es so zu machen.

Auch in Jericho, kann ich mir vorstellen, wirkten Josua und seine Leute recht befremdlich als sie um die Stadt gezogen sind. So wie ein Veranstaltungsumzug, aber von Eroberung hatte das sicher nichts. Sicher gab es immer mehr Schaulustige, wenn Josua und seine Leute kamen und der eine oder andere verkaufte sicher auch Eintrittskarten.

Vielleicht kommen wir uns mit unseren Aktionen, die wir als Gemeinden oder als einzelner Christ planen auch so vor wie Josua. Von Jericho aus betrachtet lächerlich und aus der Gemeinde betrachtet auch nicht besser. Immer diese neuen Ideen, diese verrückten Pläne. Doch genauso ist unser Gott. Er nutzt Dinge oder Pläne, die so unwirklich erscheinen, um Menschen in sein Reich zu bekommen. Wichtig bei all dem ist, dass wir es auf dem Herzen haben, dass Menschen kommen, um sie zu erreichen mit genau der Möglichkeit, die gerade da ist, auch wenn es lächerlich oder verrückt aussieht.

Gott ist mit Josua gewesen und schenkte ihm einen verrückten Plan. Ich glaube, dass er für jeden einen Plan hat, auch wenn sie manchmal verrückt wirken. Du kannst sicher sein, Gott ist bei dir, weil du von ihm berufen bist, auch wenn du dich nicht berufen fühlst.

Wir kommen zum Schluss

Reinhard Bonnke sagte einmal folgendes: Gemeinde Jesu ist kein Vergnügungsboot, sondern ein Rettungsdampfer und am Bord wird jede Hand gebraucht. Dieses Zitat kommt auch aus meinem Herzen. Weil ich davon überzeugt bin, dass wir alle zusammen den Auftrag haben, Menschen in das Boot Gemeinde, einzuladen. Auch wenn wir keine Evangelisten sind. So gilt uns der Auftrag genauso.

Jesus Christus möchte durch dich große Dinge tun. Denn jeder Mensch, der zu Jesus findet, ist etwas so Besonderes. Unser Gott hat einen Plan für dich. Lass dich mit hinein nehmen in die große Mannschaft der Evangelisten und Nichtevangelisten und versuche, Menschen für das Reich Gottes zu finden.

Jede Minute ist es wert, jeder Versuch. Auch die, die scheinbar gescheitert sind, auch die, wo nur wenig passiert ist. Jeder Augenblick, den wir hinein investieren, ist so bedeutend wichtig. Es ist unsere Berufung und Ziel. Und es gibt eine Aufgabe genau für dich passend.

Danke, dass du nicht aufgibst, Menschen zu begegnen. Möge Jesus dich begleiten und der Heilige Geist dich dabei leiten.

Gott segne Dich

22479173R00040

Printed in Poland
by Amazon Fulfillment
Poland Sp. z o.o., Wrocław